Vorwort

Das klingt nach Italien Urlaub! Holen Sie sich diese Stimmung nach Hause. Leckere Pizza Rezepte, Nudel Rezepte und andere Spezialitäten. Mit Hilfe des neuen Thermomix TM 5 Gerätes ist alles schnell und einfach zubereitet.

Ich wünsche Ihnen viel Spaß beim Ausprobieren der Rezepte.

Ihre Brigitte Möllerhoff

Inhaltsangabe

Mexikanische Pizza
Ziegenkäse Pizza
Lachs Pizza
Camembert Salami Pizza
Lahmacun
Spaghetti in Tomaten Parmesan Creme
Schinken Sahne Tortellini
Spaghetti in Pesto Sauce
Nudeln in Thunfisch Sauce
Mozzarella Platte

Nachtrag zum Impressum/
Copyright

Oliven Mozzarella Pizza

Zutaten
Teig
250 g Mehl
10 g Hefe, frisch
160 ml Wasser, handwarm
½ TL Zucker
1 TL Salz
20 g Olivenöl

Sauce
4 große Tomaten
1 TL Oregano
1 TL Zucker
1 Prise Salz
1 zerdrückte Knoblauchzehe

Belag
100 g schwarze Oliven, in Scheiben
1 zerdrückte Knoblauchzehe
4 Tomaten, geviertelt
1 Prise Basilikum, getrocknet
100 g Mozzarella, geraspelt

Zubereitung

Wasser, Hefe und Zucker in den Mixtopf geben. Auf Stufe 5/ 15 Sekunden mischen. Nun die übrigen Teigzutaten hinzugeben und 15 Sekunden/ Stufe 10, danach 1 Minute auf Teigstufe kneten. Eine Schüssel mit etwas Mehl einstäuben und den Teig hinein geben. 30 Minuten gehen lassen. Ein Blech mit Backpapier auslegen und den Teig darauf ausrollen. Den Mixtopf spülen und die Zutaten für die Sauce hinein geben. Auf Stufe 5/ 30 Sekunden mixen. Die Sauce auf den Teig verteilen. Nun die übrigen Zutaten für den Belag auf den Teig geben. Bei 180 Grad ca. 35 Minuten backen.

Pizza Funghi

Zutaten
Teig
200 g Mehl
50 g Gries, hart
10 g Hefe, frisch
160 ml Wasser, handwarm
½ TL Zucker
1 TL Salz
20 g Olivenöl

Sauce
4 große Tomaten
1 TL Oregano
1 TL Zucker
1 Prise Salz
1 zerdrückte Knoblauchzehe

Belag
100 g Champignons, in Scheiben
1 zerdrückte Knoblauchzehe
100 g Käse nach Wahl, geraspelt

Zubereitung

Wasser, Hefe und Zucker in den Mixtopf geben. Auf Stufe 5/ 15 Sekunden mischen. Nun die übrigen Teigzutaten hinzugeben und 15 Sekunden/ Stufe 10, danach 1 Minute auf Teigstufe kneten. Eine Schüssel mit etwas Mehl einstäuben und den Teig hinein geben. 30 Minuten gehen lassen. Ein Blech mit Backpapier auslegen und den Teig darauf ausrollen. Den Mixtopf spülen und die Zutaten für die Sauce hinein geben. Auf Stufe 5/ 30 Sekunden mixen. Die Sauce auf den Teig verteilen. Nun die übrigen Zutaten für den Belag auf den Teig geben. Bei 180 Grad ca. 35 Minuten backen.

Pizza Käse mit Spinathaube

Zutaten
Teig
200 g Mehl
50 g Gries, hart
10 g Hefe, frisch
160 ml Wasser, handwarm
½ TL Zucker
1 TL Salz
20 g Olivenöl

Sauce
2 Becher Schmand mit
Salz und Pfeffer abschmecken

Belag
200 g geraspelter Käse

Topping
100 g frischen Spinat mit
1 EL Olivenöl, sowie
Salz und Pfeffer mischen

Zubereitung

Wasser, Hefe und Zucker in den Mixtopf geben. Auf Stufe 5/ 15 Sekunden mischen. Nun die übrigen Teigzutaten hinzugeben und 15 Sekunden/ Stufe 10, danach 1 Minute auf Teigstufe kneten. Eine Schüssel mit etwas Mehl einstäuben und den Teig hinein geben. 30 Minuten gehen lassen. Ein Blech mit Backpapier auslegen und den Teig darauf ausrollen. Den Mixtopf spülen und die Zutaten für die Sauce hinein geben. Auf Stufe 5/ 30 Sekunden mixen. Die Sauce auf den Teig verteilen. Nun die übrigen Zutaten für den Belag auf den Teig geben. Bei 180 Grad ca. 35 Minuten backen. Spinat Topping auf die Pizza geben.

Knuspriges Pizza Brot

Zutaten
Teig
250 g Mehl
10 g Hefe, frisch
160 ml Wasser, handwarm
½ TL Zucker
1 TL Salz
20 g Olivenöl

Belag
Basilikum
Etwas grobes Salz
Olivenöl

Zubereitung
Wasser, Hefe und Zucker in den Mixtopf geben. Auf Stufe 5/ 15 Sekunden mischen. Nun die übrigen Teigzutaten hinzugeben und 15 Sekunden/ Stufe 10, danach 1 Minute auf Teigstufe kneten. Eine Schüssel mit etwas Mehl einstäuben und den Teig hinein geben. 30 Minuten gehen lassen. Ein Blech mit Backpapier auslegen und den Teig darauf ausrollen. Den Teig mit Olivenöl bestreichen und mit Basilikum und Salz bestreuen. Bei 180 Grad ca. 35 Minuten backen.

Thunfisch Pizza

Zutaten
Teig
200 g Mehl
50 g Gries, hart
10 g Hefe, frisch
160 ml Wasser, handwarm
½ TL Zucker
1 TL Salz
20 g Olivenöl

Sauce
4 große Tomaten
1 TL Oregano
1 TL Zucker
1 Prise Salz
1 zerdrückte Knoblauchzehe

Belag
2 Dosen Thunfisch in Öl, abgetropft
50 g schwarze Oliven
1 Zwiebel in Ringen
100 g Käse nach Wahl, geraspelt

Zubereitung

Wasser, Hefe und Zucker in den Mixtopf geben. Auf Stufe 5/ 15 Sekunden mischen. Nun die übrigen Teigzutaten hinzugeben und 15 Sekunden/ Stufe 10, danach 1 Minute auf Teigstufe kneten. Eine Schüssel mit etwas Mehl einstäuben und den Teig hinein geben. 30 Minuten gehen lassen. Ein Blech mit Backpapier auslegen und den Teig darauf ausrollen. Den Mixtopf spülen und die Zutaten für die Sauce hinein geben. Auf Stufe 5/ 30 Sekunden mixen. Die Sauce auf den Teig verteilen. Nun die übrigen Zutaten für den Belag auf den Teig geben. Bei 180 Grad ca. 35 Minuten backen.

Parmaschinken Pizza

Zutaten
Teig
200 g Dinkelmehl
50 g Vollkornmehl
10 g Hefe, frisch
160 ml Wasser, handwarm
½ TL Zucker
1 TL Salz
20 g Walnussöl

Sauce
4 große Tomaten
1 TL Oregano
1 TL Zucker
1 Prise Salz
1 zerdrückte Knoblauchzehe

Belag
100 g Parmaschinken
100 g Mozzarella
1 Hand voll Rucola
3 Tomaten, geviertelt

Zubereitung
Wasser, Hefe und Zucker in den Mixtopf geben. Auf
Stufe 5/ 15 Sekunden mischen. Nun die übrigen
Teigzutaten hinzugeben und 15 Sekunden/ Stufe 10,
danach 1 Minute auf Teigstufe kneten. Eine Schüssel mit
etwas Mehl einstäuben und den Teig hinein geben. 30
Minuten gehen lassen. Ein Blech mit Backpapier
auslegen und den Teig darauf ausrollen. Den Mixtopf
spülen und die Zutaten für die Sauce hinein geben. Auf
Stufe 5/ 30 Sekunden mixen. Die Sauce auf den Teig
verteilen. Nun die übrigen Zutaten für den Belag auf den
Teig geben. Bei 180 Grad ca. 35 Minuten backen.

Bacon Pizza

Zutaten
Teig
200 g Mehl
50 g Gries, hart
10 g Hefe, frisch
160 ml Wasser, handwarm
½ TL Zucker
1 TL Salz
20 g Olivenöl

Sauce
2 Becher Schmand
mit Salz und Pfeffer würzen

Belag
100 g Bacon
100 g Käse nach Wahl
1 paar Blättchen Basilikum, frisch

Zubereitung

Wasser, Hefe und Zucker in den Mixtopf geben. Auf Stufe 5/ 15 Sekunden mischen. Nun die übrigen Teigzutaten hinzugeben und 15 Sekunden/ Stufe 10, danach 1 Minute auf Teigstufe kneten. Eine Schüssel mit etwas Mehl einstäuben und den Teig hinein geben. 30 Minuten gehen lassen. Ein Blech mit Backpapier auslegen und den Teig darauf ausrollen. Den Mixtopf spülen und die Zutaten für die Sauce hinein geben. Auf Stufe 5/ 30 Sekunden mixen. Die Sauce auf den Teig verteilen. Nun die übrigen Zutaten für den Belag auf den Teig geben. Bei 180 Grad ca. 35 Minuten backen.

Sucuk Pizza

Zutaten
Teig
400 g Mehl
20 g Hefe, frisch
200 ml Wasser, handwarm
½ TL Zucker
1 TL Salz
20 g Olivenöl
1 Prise Chili

Sauce
4 große Tomaten
1 TL Oregano
1 TL Zucker
1 Prise Salz
1 Prise Chili

Belag
150 g Sucuk, in Scheiben
100 g Käse nach Wahl, geraspelt

Zubereitung

Wasser, Hefe und Zucker in den Mixtopf geben. Auf Stufe 5/ 15 Sekunden mischen. Nun die übrigen Teigzutaten hinzugeben und 15 Sekunden/ Stufe 10, danach 1 Minute auf Teigstufe kneten. Eine Schüssel mit etwas Mehl einstäuben und den Teig hinein geben. 30 Minuten gehen lassen. Ein Blech mit Backpapier auslegen und den Teig darauf ausrollen. Den Mixtopf spülen und die Zutaten für die Sauce hinein geben. Auf Stufe 5/ 30 Sekunden mixen. Die Sauce auf den Teig verteilen. Nun die übrigen Zutaten für den Belag auf den Teig geben. Bei 180 Grad ca. 35 Minuten backen.

Chili Pizza

Zutaten
Teig
200 g Mehl
50 g Gries, hart
10 g Hefe, frisch
160 ml Wasser, handwarm
½ TL Zucker
1 TL Salz
20 g Olivenöl

Sauce
4 große Tomaten
1 TL Oregano
1 TL Zucker
1 Prise Salz
 gute Prise Chili
1 zerdrückte Knoblauchzehe

Belag
50 g schwarze Oliven, in Scheiben
1 grüne Paprika, in Streifen
1 zerdrückte Knoblauchzehe
100 g Käse nach Wahl, geraspelt

Zubereitung

Wasser, Hefe und Zucker in den Mixtopf geben. Auf Stufe 5/ 15 Sekunden mischen. Nun die übrigen Teigzutaten hinzugeben und 15 Sekunden/ Stufe 10, danach 1 Minute auf Teigstufe kneten. Eine Schüssel mit etwas Mehl einstäuben und den Teig hinein geben. 30 Minuten gehen lassen. Ein Blech mit Backpapier auslegen und den Teig darauf ausrollen. Den Mixtopf spülen und die Zutaten für die Sauce hinein geben. Auf Stufe 5/ 30 Sekunden mixen. Die Sauce auf den Teig verteilen. Nun die übrigen Zutaten für den Belag auf den Teig geben. Bei 180 Grad ca. 35 Minuten backen.

Kartoffel Speck Pizza

Zutaten
Teig
400 g Mehl
20 g Hefe, frisch
200 ml Wasser, handwarm
½ TL Zucker
1 TL Salz
20 g Olivenöl

Sauce
200 g Schmand
100 g Frischkäse
Salz und Pfeffer nach Geschmack
1 TL Schnittlauch, getrocknet

Belag
200 g Kartoffeln, gegart, in Scheiben
200 g Speckwürfel
100 g Edamer, gerieben

Zubereitung

Wasser, Hefe und Zucker in den Mixtopf geben. Auf Stufe 5/ 15 Sekunden mischen. Nun die übrigen Teigzutaten hinzugeben und 15 Sekunden/ Stufe 10, danach 1 Minute auf Teigstufe kneten. Eine Schüssel mit etwas Mehl einstäuben und den Teig hinein geben. 30 Minuten gehen lassen. Ein Blech mit Backpapier auslegen und den Teig darauf ausrollen. Den Mixtopf spülen und die Zutaten für die Sauce hinein geben. Auf Stufe 5/ 30 Sekunden mixen. Die Sauce auf den Teig verteilen. Nun die übrigen Zutaten für den Belag auf den Teig geben. Bei 180 Grad ca. 35 Minuten backen.

Ei Mais Pizza

Zutaten
Teig
200 g Mehl
50 g Gries, hart
10 g Hefe, frisch
160 ml Wasser, handwarm
½ TL Zucker
1 TL Salz
20 g Olivenöl

Sauce
4 große Tomaten
1 TL Oregano
1 TL Zucker
1 Prise Salz
1 zerdrückte Knoblauchzehe

Belag
2 gekochte Eier, gepellt und in Scheiben
50 g Champignons, frisch, in Scheiben
1 Dose Mais, abgetropft
100 g Käse nach Wahl, geraspelt

Zubereitung
Wasser, Hefe und Zucker in den Mixtopf geben. Auf
Stufe 5/ 15 Sekunden mischen. Nun die übrigen
Teigzutaten hinzugeben und 15 Sekunden/ Stufe 10,
danach 1 Minute auf Teigstufe kneten. Eine Schüssel mit
etwas Mehl einstäuben und den Teig hinein geben. 30
Minuten gehen lassen. Ein Blech mit Backpapier
auslegen und den Teig darauf ausrollen. Den Mixtopf
spülen und die Zutaten für die Sauce hinein geben. Auf
Stufe 5/ 30 Sekunden mixen. Die Sauce auf den Teig
verteilen. Nun die übrigen Zutaten für den Belag auf den
Teig geben. Bei 180 Grad ca. 35 Minuten backen.

Nudel Pizza

Zutaten
Teig
200 g Mehl
50 g Gries, hart
10 g Hefe, frisch
160 ml Wasser, handwarm
½ TL Zucker
1 TL Salz
20 g Olivenöl
1 Prise Chili

Sauce
4 große Tomaten
50 g Ketchup
1 TL Oregano
1 TL Zucker
1 Prise Salz

Belag
100 g Nudeln, gekocht
150 g Käse nach Wahl, geraspelt

Zubereitung
Wasser, Hefe und Zucker in den Mixtopf geben. Auf
Stufe 5/ 15 Sekunden mischen. Nun die übrigen
Teigzutaten hinzugeben und 15 Sekunden/ Stufe 10,
danach 1 Minute auf Teigstufe kneten. Eine Schüssel mit
etwas Mehl einstäuben und den Teig hinein geben. 30
Minuten gehen lassen. Ein Blech mit Backpapier
auslegen und den Teig darauf ausrollen. Den Mixtopf
spülen und die Zutaten für die Sauce hinein geben. Auf
Stufe 5/ 30 Sekunden mixen. Die Sauce auf den Teig
verteilen. Nun die übrigen Zutaten für den Belag auf den
Teig geben. Bei 180 Grad ca. 35 Minuten backen.

Chorizo Pizza

Zutaten
Teig
250 g Dinkelmehl
10 g Hefe, frisch
160 ml Wasser, handwarm
½ TL Zucker
1 TL Salz
20 g Erdnussöl

Sauce
4 große Tomaten
1 TL Oregano
1 TL Zucker
1 TL Paprika, edelsüß
1 Prise Salz
1 zerdrückte Knoblauchzehe

Belag
100 g Chorizo, in Scheiben
1 Prise Chili
1 Prise Pfeffer
1 zerdrückte Knoblauchzehe
100 g Käse nach Wahl, geraspelt

Zubereitung

Wasser, Hefe und Zucker in den Mixtopf geben. Auf
Stufe 5/ 15 Sekunden mischen. Nun die übrigen
Teigzutaten hinzugeben und 15 Sekunden/ Stufe 10,
danach 1 Minute auf Teigstufe kneten. Eine Schüssel mit
etwas Mehl einstäuben und den Teig hinein geben. 30
Minuten gehen lassen. Ein Blech mit Backpapier
auslegen und den Teig darauf ausrollen. Den Mixtopf
spülen und die Zutaten für die Sauce hinein geben. Auf
Stufe 5/ 30 Sekunden mixen. Die Sauce auf den Teig
verteilen. Nun die übrigen Zutaten für den Belag auf den
Teig geben. Bei 180 Grad ca. 35 Minuten backen.

Salami Hafer Pizza

Zutaten
Teig
200 g Mehl
50 g Haferflocken, zart
10 g Hefe, frisch
160 ml Wasser, handwarm
½ TL Zucker
1 TL Salz
20 g Olivenöl

Sauce
4 große Tomaten
1 TL Oregano
1 TL Zucker
1 Prise Salz
1 zerdrückte Knoblauchzehe

Belag
100 g Salami
100 g Käse nach Wahl, geraspelt

Zubereitung
Wasser, Hefe und Zucker in den Mixtopf geben. Auf
Stufe 5/ 15 Sekunden mischen. Nun die übrigen
Teigzutaten hinzugeben und 15 Sekunden/ Stufe 10,
danach 1 Minute auf Teigstufe kneten. Eine Schüssel mit
etwas Mehl einstäuben und den Teig hinein geben. 30
Minuten gehen lassen. Ein Blech mit Backpapier
auslegen und den Teig darauf ausrollen. Den Mixtopf
spülen und die Zutaten für die Sauce hinein geben. Auf
Stufe 5/ 30 Sekunden mixen. Die Sauce auf den Teig
verteilen. Nun die übrigen Zutaten für den Belag auf den
Teig geben. Bei 180 Grad ca. 35 Minuten backen.

Auberginen Pizza

Zutaten
Teig
200 g Mehl
50 g Gries, hart
10 g Hefe, frisch
160 ml Wasser, handwarm
½ TL Zucker
1 TL Salz
20 g Olivenöl

Sauce
4 große Tomaten
1 TL Oregano
1 TL Zucker
1 Prise Salz

Belag
1 Aubergine, zerkleinert und kurz
angebraten
100 g Edamer, geraspelt

Zubereitung
Wasser, Hefe und Zucker in den Mixtopf geben. Auf
Stufe 5/ 15 Sekunden mischen. Nun die übrigen
Teigzutaten hinzugeben und 15 Sekunden/ Stufe 10,
danach 1 Minute auf Teigstufe kneten. Eine Schüssel mit
etwas Mehl einstäuben und den Teig hinein geben. 30
Minuten gehen lassen. Ein Blech mit Backpapier
auslegen und den Teig darauf ausrollen. Den Mixtopf
spülen und die Zutaten für die Sauce hinein geben. Auf
Stufe 5/ 30 Sekunden mixen. Die Sauce auf den Teig
verteilen. Nun die übrigen Zutaten für den Belag auf den
Teig geben. Bei 180 Grad ca. 35 Minuten backen.

Gyros Pizza

Zutaten
Teig
300 g Mehl
100 g Polenta
20 g Hefe, frisch
230 ml Wasser, handwarm
½ TL Zucker
1 TL Salz
20 g Olivenöl
1 Prise Chili

Sauce
4 große Tomaten
1 TL Oregano
1 TL Zucker
1 Prise Salz
1 Prise Chili

Belag
200 g Gyros, scharf angebraten
200 g Edamer, in Stücken
1 Knoblauchzehe, gepresst

Zubereitung
Wasser, Hefe und Zucker in den Mixtopf geben. Auf
Stufe 5/ 15 Sekunden mischen. Nun die übrigen
Teigzutaten hinzugeben und 15 Sekunden/ Stufe 10,
danach 1 Minute auf Teigstufe kneten. Eine Schüssel mit
etwas Mehl einstäuben und den Teig hinein geben. 30
Minuten gehen lassen. Ein Blech mit Backpapier
auslegen und den Teig darauf ausrollen. Den Mixtopf
spülen und die Zutaten für die Sauce hinein geben. Auf
Stufe 5/ 30 Sekunden mixen. Die Sauce auf den Teig
verteilen. Nun die übrigen Zutaten für den Belag auf den
Teig geben. Bei 180 Grad ca. 35 Minuten backen.

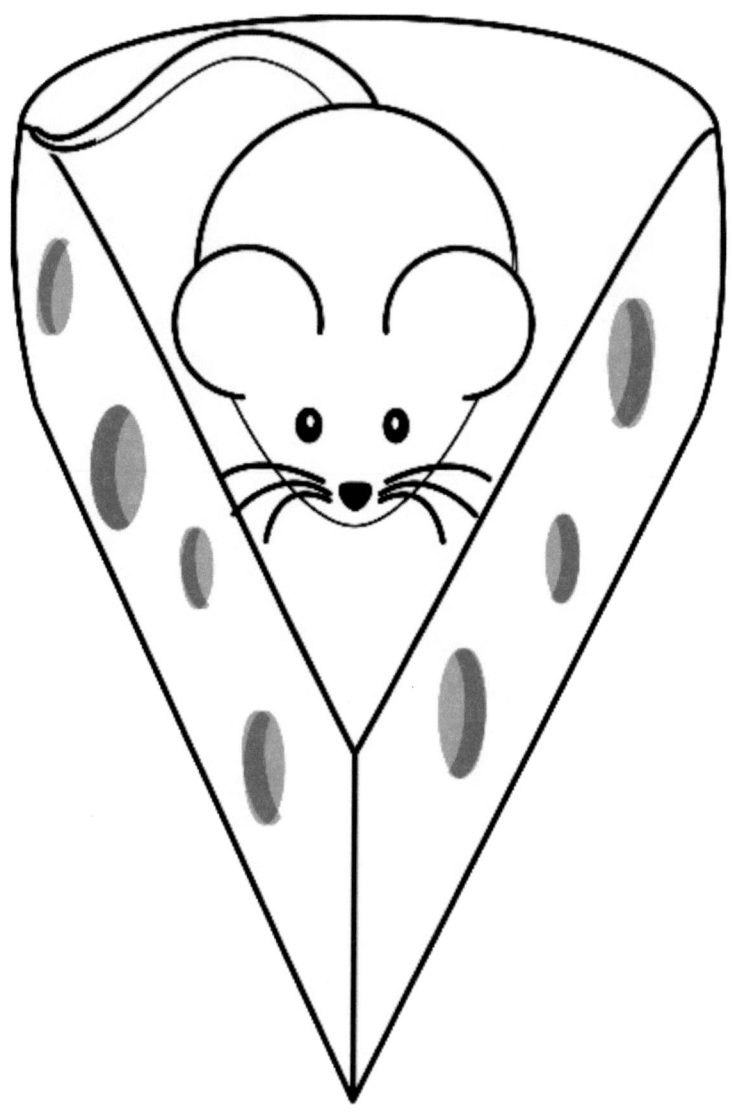

Vier Käse Dinkel Pizza

Zutaten
Teig
200 g Dinkelmehl
50 g Gries, hart
10 g Hefe, frisch
160 ml Wasser, handwarm
½ TL Zucker
1 TL Salz
20 g Olivenöl

Sauce
2 Becher Schmand mit
Salz und Pfeffer gewürzt

Belag
100 g Mozzarella
50 g Gauda
50 g Edamer
50 g Gorgonzola

Zubereitung

Wasser, Hefe und Zucker in den Mixtopf geben. Auf
Stufe 5/ 15 Sekunden mischen. Nun die übrigen
Teigzutaten hinzugeben und 15 Sekunden/ Stufe 10,
danach 1 Minute auf Teigstufe kneten. Eine Schüssel mit
etwas Mehl einstäuben und den Teig hinein geben. 30
Minuten gehen lassen. Ein Blech mit Backpapier
auslegen und den Teig darauf ausrollen. Den Mixtopf
spülen und die Zutaten für die Sauce hinein geben. Auf
Stufe 5/ 30 Sekunden mixen. Die Sauce auf den Teig
verteilen. Nun die übrigen Zutaten für den Belag auf den
Teig geben. Bei 180 Grad ca. 35 Minuten backen.

Gorgonzola Funghi Pizza

Zutaten
Teig
200 g Mehl
50 g Gries, hart
10 g Hefe, frisch
160 ml Wasser, handwarm
½ TL Zucker
1 TL Salz
20 g Olivenöl

Sauce
4 große Tomaten
1 TL Oregano
1 TL Zucker
1 Prise Salz
1 zerdrückte Knoblauchzehe

Belag
100 g Champignons, in Scheiben
1 zerdrückte Knoblauchzehe
150 g Gorgonzola, in Stücken

Zubereitung

Wasser, Hefe und Zucker in den Mixtopf geben. Auf Stufe 5/ 15 Sekunden mischen. Nun die übrigen Teigzutaten hinzugeben und 15 Sekunden/ Stufe 10, danach 1 Minute auf Teigstufe kneten. Eine Schüssel mit etwas Mehl einstäuben und den Teig hinein geben. 30 Minuten gehen lassen. Ein Blech mit Backpapier auslegen und den Teig darauf ausrollen. Den Mixtopf spülen und die Zutaten für die Sauce hinein geben. Auf Stufe 5/ 30 Sekunden mixen. Die Sauce auf den Teig verteilen. Nun die übrigen Zutaten für den Belag auf den Teig geben. Bei 180 Grad ca. 35 Minuten backen.

Pizza Hawaii

Zutaten
Teig
400 g Mehl
20 g Hefe, frisch
200 ml Wasser, handwarm
½ TL Zucker
1 TL Salz
20 g Olivenöl

Sauce
5 große Tomaten
1 TL Oregano
2 TL Zucker
1 Prise Salz

Belag
150 g Schinken, in Stücken
100 g Ananas, in Stücken
100 g Käse nach Wahl, geraspelt

Zubereitung
Wasser, Hefe und Zucker in den Mixtopf geben. Auf
Stufe 5/ 15 Sekunden mischen. Nun die übrigen
Teigzutaten hinzugeben und 15 Sekunden/ Stufe 10,
danach 1 Minute auf Teigstufe kneten. Eine Schüssel mit
etwas Mehl einstäuben und den Teig hinein geben. 30
Minuten gehen lassen. Ein Blech mit Backpapier
auslegen und den Teig darauf ausrollen. Den Mixtopf
spülen und die Zutaten für die Sauce hinein geben. Auf
Stufe 5/ 30 Sekunden mixen. Die Sauce auf den Teig
verteilen. Nun die übrigen Zutaten für den Belag auf den
Teig geben. Bei 180 Grad ca. 35 Minuten backen.

Mexikanische Pizza

Zutaten
Teig
200 g Mehl
50 g Gries, hart
10 g Hefe, frisch
160 ml Wasser, handwarm
½ TL Zucker
1 TL Salz
20 g Olivenöl

Sauce
4 große Tomaten
1 rote Paprika
1 Prise Chili
1 Prise Curry
1 TL Oregano
1 EL Zucker
1 Prise Salz
1 zerdrückte Knoblauchzehe

Belag
1 Dose Mais, abgetropft
1 kleine Zucchini, in Streifen
5 schwarze Oliven, in Scheiben
1 zerdrückte Knoblauchzehe
100 g Käse nach Wahl, geraspelt

Zubereitung

Wasser, Hefe und Zucker in den Mixtopf geben. Auf Stufe 5/ 15 Sekunden mischen. Nun die übrigen Teigzutaten hinzugeben und 15 Sekunden/ Stufe 10, danach 1 Minute auf Teigstufe kneten. Eine Schüssel mit etwas Mehl einstäuben und den Teig hinein geben. 30 Minuten gehen lassen. Ein Blech mit Backpapier auslegen und den Teig darauf ausrollen. Den Mixtopf spülen und die Zutaten für die Sauce hinein geben. Auf Stufe 5/ 30 Sekunden mixen. Die Sauce auf den Teig verteilen. Nun die übrigen Zutaten für den Belag auf den Teig geben. Bei 180 Grad ca. 35 Minuten backen.

Ziegenkäse Pizza

Zutaten
Teig
200 g Dinkelmehl
50 g Gries, hart
10 g Hefe, frisch
160 ml Wasser, handwarm
½ TL Zucker
1 TL Salz
20 g Olivenöl

Sauce
4 große Tomaten
1 TL Oregano
1 TL Zucker
1 Prise Salz
1 zerdrückte Knoblauchzehe

Belag
100 g Ziegenkäse
50 g Oliven, in Scheiben
2 Tomaten, geviertelt
10 Basilikum Blätter, frisch

Zubereitung

Wasser, Hefe und Zucker in den Mixtopf geben. Auf Stufe 5/ 15 Sekunden mischen. Nun die übrigen Teigzutaten hinzugeben und 15 Sekunden/ Stufe 10, danach 1 Minute auf Teigstufe kneten. Eine Schüssel mit etwas Mehl einstäuben und den Teig hinein geben. 30 Minuten gehen lassen. Ein Blech mit Backpapier auslegen und den Teig darauf ausrollen. Den Mixtopf spülen und die Zutaten für die Sauce hinein geben. Auf Stufe 5/ 30 Sekunden mixen. Die Sauce auf den Teig verteilen. Nun die übrigen Zutaten für den Belag auf den Teig geben. Bei 180 Grad ca. 35 Minuten backen.

Lachs Pizza

Zutaten
Teig
200 g Mehl
50 g Gries, hart
10 g Hefe, frisch
160 ml Wasser, handwarm
½ TL Zucker
1 TL Salz
20 g Olivenöl

Sauce
3 große Tomaten
1 EL Schmand
½ EL Dill
1 EL Senf
1 rote Paprika
1 TL Oregano
1 EL Zucker
1 Prise Salz
1 zerdrückte Knoblauchzehe

Belag
150 g Räucherlachs
5 schwarze Oliven in Scheiben
100 g Käse nach Wahl, geraspelt

Zubereitung
Wasser, Hefe und Zucker in den Mixtopf geben. Auf
Stufe 5/ 15 Sekunden mischen. Nun die übrigen
Teigzutaten hinzugeben und 15 Sekunden/ Stufe 10,
danach 1 Minute auf Teigstufe kneten. Eine Schüssel mit
etwas Mehl einstäuben und den Teig hinein geben. 30
Minuten gehen lassen. Ein Blech mit Backpapier
auslegen und den Teig darauf ausrollen. Den Mixtopf
spülen und die Zutaten für die Sauce hinein geben. Auf
Stufe 5/ 30 Sekunden mixen. Die Sauce auf den Teig
verteilen. Nun die übrigen Zutaten für den Belag auf den
Teig geben. Bei 180 Grad ca. 35 Minuten backen.

Camembert Salami Pizza

Zutaten
Teig
200 g Mehl
50 g Gries, hart
10 g Hefe, frisch
160 ml Wasser, handwarm
½ TL Zucker
1 TL Salz
20 g Olivenöl

Sauce
4 große Tomaten
1 rote Paprika
1 TL Oregano
1 TL Zucker
1 Prise Salz
1 zerdrückte Knoblauchzehe

Belag
100 g Salami, in Scheiben
150 g Camembert, in Stücken

Zubereitung
Wasser, Hefe und Zucker in den Mixtopf geben. Auf
Stufe 5/ 15 Sekunden mischen. Nun die übrigen
Teigzutaten hinzugeben und 15 Sekunden/ Stufe 10,
danach 1 Minute auf Teigstufe kneten. Eine Schüssel mit
etwas Mehl einstäuben und den Teig hinein geben. 30
Minuten gehen lassen. Ein Blech mit Backpapier
auslegen und den Teig darauf ausrollen. Den Mixtopf
spülen und die Zutaten für die Sauce hinein geben. Auf
Stufe 5/ 30 Sekunden mixen. Die Sauce auf den Teig
verteilen. Nun die übrigen Zutaten für den Belag auf den
Teig geben. Bei 180 Grad ca. 35 Minuten backen.

Lahmacun

Zutaten
Teig
500 g Mehl
20 g Hefe, frisch
250 ml Wasser, handwarm
½ TL Zucker
1 TL Salz
30 g Olivenöl

Belag
4 große Tomaten
500 g Rinderhack
4 Knoblauchzehen, gepresst
1 Prise Salz
2 Zwiebeln, geschält
Pfeffer
1 Bund Petersilie, gehackt
1 Tube Tomatenmark
1 Prise Chili

Zubereitung

Wasser, Hefe und Zucker in den Mixtopf geben. Auf Stufe 5/ 15 Sekunden mischen. Nun die übrigen Teigzutaten hinzugeben und 15 Sekunden/ Stufe 10, danach 1 Minute auf Teigstufe kneten. Eine Schüssel mit etwas Mehl einstäuben und den Teig hinein geben. 30 Minuten gehen lassen. Ein Blech mit Backpapier auslegen und den Teig dünn darauf ausrollen. Den Mixtopf spülen und die Zutaten für den Belag hinein geben. Auf Stufe 5/ 45 Sekunden mixen. Auf den sehr dünn ausgerollten Teig streichen. Bei 180 Grad ca. 15 bis 20 Minuten backen.

Spaghetti in Tomaten Parmesan Creme

Zutaten
500 g frische Spaghetti

Sauce
1 Tube Tomatenmark
500 ml Wasser
10 g Butter
10 g Oliven Öl
60 g Parmesan
100 g Sahne
1 TL Basilikum
1 TL Oregano
50 g Pinien Kerne
1 EL Zucker
1 TL Salz
20 g Kartoffel Stärke

Zubereitung
Alle Zutaten für die Sauce in den Mixtopf geben. In den
Varoma die Nudeln einfüllen. Auf Stufe 10 / 20
Sekunden mischen. 12 Minuten / Varomastufe garen.
Nochmals 15 Sekunden auf Stufe 5 mischen. Guten
Appetit.

Schinken Sahne Tortellini

Zutaten
500 g frische Tortellini

Varoma
250 g Schinken, gewürfelt

Sauce
250 g Sahne
250 g Wasser
1 TL Brühe
Pfeffer
Salz
1 Prise Muskat
20 g Butter
20 g Kartoffel Stärke

Zubereitung
Alle Zutaten für die Sauce in den Mixtopf geben. In den
Varoma in die untere Lage die Nudeln einfüllen, in die
obere Lage den Schinken. Auf Stufe 10 / 20 Sekunden
mischen. 12 Minuten / Varomastufe garen. Nochmals 15
Sekunden auf Stufe 5 mischen. Guten Appetit.

Spaghetti in Pesto Sauce

Zutaten
500 g frische Spaghetti

Sauce
1 Glas Pesto, grün
½ Bund Basilikum
1 TL Brühe
250 g Sahne
250 g Wasser
20 g Olivenöl
Salz
Pfeffer
20 g Kartoffel Stärke

Betreuen
Etwas Parmesan

Zubereitung
Alle Zutaten für die Sauce in den Mixtopf geben. In den
Varoma die Nudeln einfüllen. Auf Stufe 10 / 20
Sekunden mischen. 12 Minuten / Varomastufe garen.
Nochmals 15 Sekunden auf Stufe 5 mischen. Servieren
und mit Parmesan bestreuen. Guten Appetit.

Nudeln in Thunfisch Sauce

Zutaten
500 g frische Nudeln

Varoma
2 Dosen Thunfisch in Öl,
abgetropft

Sauce
100 g Sahne
400 g Wasser
½ Bund Basilikum
2 TL Brühe
1 Prise Pfeffer
½ RL Salz
1 Tube Tomatenmark
20 g Kartoffel Stärke

Betreuen
Etwas Parmesan

Zubereitung
Alle Zutaten für die Sauce in den Mixtopf geben. In den
Varoma unten die Nudeln einfüllen, oben den Thunfisch.
Auf Stufe 10 / 20 Sekunden mischen. 12 Minuten /
Varomastufe garen. Nochmals 15 Sekunden auf Stufe 5
mischen. Servieren und mit Parmesan bestreuen. Guten
Appetit.

Mozzarella Platte

Zutaten
Salat
400 g Mozzarella, in Scheiben
300 g Tomaten, in Stücken
½ Bund Basilikum

Marinade
1 EL weißer Balsamico
1 EL Honig
1 TL Zitronensaft
½ TL Petersilie, getrocknet
etwas Pfeffer aus er Pfeffermühle
1 TL Zucker
½ TL Salz

Zubereitung
Alle Zutaten für die Marinade in den Mixtopf geben. Auf
Stufe 5 / 30 Sekunden mischen. Die Salat Zutaten
schneiden und drapieren. Mit der Marinade mischen und
genießen. Für die Variation als Mozzarella Spieße, wie
unten zu sehen ist, werden die Zutaten in die Marinade
gewälzt und dann aufgespießt. Für die Spieße empfehle
ich Kirschtomaten.

Erfrischender Meeresfrüchte Salat

Zutaten
Salat
1 Salatkopf nach Wahl
1 Bund Radieschen, in Scheiben
150 g Shrimps oder andere Meeresfrüchte,
gekocht aus dem Kühlregal
1 Zwiebel, gewürfelt

Marinade
1 EL weißer Balsamico
1 EK Olivenöl
100 g Sahne
1 TL Zitronensaft
½ TL Dill, getrocknet
2 Knoblauchzehen, gepresst
etwas Pfeffer aus er Pfeffermühle
1 TL Zucker
½ TL Salz

Zubereitung
Alle Zutaten für die Marinade in den Mixtopf geben. Auf
Stufe 5 / 30 Sekunden mischen. Die Salat Zutaten
schneiden und drapieren. Mit der Marinade mischen und
genießen.

Nachtrag zum Impressum/

Copyright

Pixabay.com
- Security

Shutterstock
- denico 19
- damm 12
- denizo 71
- Dudzinsky
- El Nariz
- Elvil
- Sina Anawong
- Joshua Resnik
- Luiz Rocha
- Svry
- Stocksolution
- Yorka Photalia
- Udra 11
- SPhoto

Herstellung und Verlag:
BoD - Books on Demand, Norderstedt
ISBN 978-3-7347-6237-6